AF329273

MARC SONAL & TRÉBLA

CAILLE SUR CANAPÉ

Pièce en un Acte

Représentée pour la première fois à Paris, à la Boîte à Fursy

(4 hommes — 1 Femme)

Répertoire de la Société Dramatique

Prix net : 2 francs

LIBRAIRIE THÉATRALE GEORGES ONDET

83, Faubourg Saint-Denis, 83

PARIS

1920

CAILLE SUR CANAPÉ

Pièce en un Acte

DISTRIBUTION :

HENRIETTE FOUCHARD, jeune grue, 25 ans............ Mlle MAUD GIPSY.

BALURON, célibataire, 40 ans............................. MM. MAX ANDRÉ.
LEVERNIER,   id.   35 ans............................... BARKLETT.
DAVIGNAC,   id.   30 ans............................... CALLAMAND.
ADRIEN, garçon de restaurant, 35 ans.................... CH. VÉRON.

De nos jours, à Paris.

Une salle d'un petit restaurant, tranquille mais coquet.

Au fond, porte donnant sur un couloir qui conduit à l'estaminet, à la salle de billards et à l'entrée principale.

A gauche, 2ᵉ plan, petite porte donnant sur la rue; à droite, 2ᵉ plan, porte donnant sur la cuisine et l'office.

Deux tables au premier plan, de chaque côté de la scène. Celle de gauche garnie d'un couvert et accompagnée d'une chaise qui fait face à la cour; celle de droite est garnie de deux couverts et accompagnée de deux chaises, dont l'une fait face au jardin et l'autre à la cour.

Une table au 3e plan et à gauche de la porte du fond; elle est garnie d'un couvert et accompagnée d'une chaise qui est adossée au mur et fait face au public.

Au fond, dans l'angle gauche, un porte-manteaux et parapluies mobile; au fond, à droite, un dressoir garni de corbeilles de fruits, d'assiettes, de bouteilles et de desserts variés. Plusieurs pancartes-réclames ou autres, dont l'une est ainsi rédigée : « On sert le plat du jour toute la nuit ».

Le lustre et les appliques sont allumés. Il est environ 7 heures et demie du soir.

SCÈNE PREMIÈRE

Adrien, puis Baluron

Adrien, *debout devant la table de droite, lisant « Paris-Sport ».* — « Clou de Girofle », gagnant; « Boîte à Outils et Manche à Gigot », placés! Juste ce que j'avais dit ce matin au plongeur, en arrivant! C'est chaque fois qu'on ne joue pas, du reste!...
(Un temps. Il met de l'ordre sur la table et essuie les verres après avoir soufflé dedans.)

Baluron, *entrant de gauche.* — Bonsoir, Adrien... Vous avez gagné aux courses aujourd'hui?

Adrien, *venant à lui, lui prenant son chapeau, et l'aidant à retirer son pardessus, qu'il accroche avec le chapeau au porte-manteau.* — Malheureusement non, Monsieur Baluron.

Baluron, *gaiement, s'asseyant face à droite à la table de gauche.* — Vos tuyaux ont crevé?

Adrien. — Ils étaient pleins, au contraire, mes tuyaux! J'aurais tout ramassé dans la quatrième... Pas loin de trois louis! Seulement, j'ai pas eu le temps de passer à mon guichet habituel.

Baluron, *indifférent.* — C'est regrettable, en effet; mais il ne faut pas que ça vous empêche de me servir à dîner.

Adrien, *familier.* — Vous n'avez jamais gagné aux courses, vous, Monsieur Baluron?

Baluron, *dépliant sa serviette, s'installant confortablement et nettoyant minutieusement ses couverts.* — Si, deux fois... La première, c'était en été; j'ai gagné un coup de soleil... La seconde fois, c'était en hiver; j'ai gagné un rhume de cerveau.

Adrien. — En insistant un peu, vous auriez certainement gagné de l'argent.

Baluron. — C'est possible… Mais cet argent, gagné si facilement, m'aurait sûrement entraîné à des dépenses superflues et par conséquent inutiles. Cela aurait pu aussi modifier le cours paisible et régulier de ma vie, dont le calme et la tranquillité sont la base essentielle.

Adrien, *allant au dressoir dont il range la garniture.* — Chacun n'est-ce pas…

Baluron, *le coupant.* — Parce qu'il faut vous dire, Adrien, que je considère comme dangereux, pour un homme sain de corps et d'esprit, tout ce qui est susceptible de menacer l'équilibre de son existence. C'est pourquoi je fuis comme la peste les choses et les gens qui pourraient m'attirer le moindre embêtement, si petit soit-il… D'ailleurs, vous connaissez ma devise…

Adrien, *intéressé.* — Non.

Baluron. — Pas possible? Ma devise, c'est « Pas d'histoires »… Les peuples heureux n'en ont pas, les hommes heureux non plus. Donc pas d'histoires, avec personne.

Adrien, *facétieux, s'approchant de lui.* — Pas même d'histoires de femmes?

Baluron. — Pas même !

Adrien. — Cependant, quand on aime les femmes !…

Baluron. — Je les aime beaucoup. Seulement, j'ai la sagesse de ne pas courir après. Toujours pour ne pas compliquer mon existence.

Adrien, *souriant.* — Vous attendez qu'elles viennent vous trouver.

Baluron, *idem.* — Voilà !… Et je m'en trouve beaucoup mieux. Je conviens, du reste, que je ferais un très mauvais chasseur.

Adrien. — Il faut que les cailles vous arrivent toutes chaudes, comme qui dirait « sur canapé »…

Baluron, *consultant la carte du dîner.* — A propos de cailles, qu'est-ce que vous me conseillez comme potage?… Petite Marmite ou Velouté Mazarin?

Adrien, *se penchant sur la table.* — Prenez donc plutôt un consommé aux œufs.

Baluron. — Vous croyez?… Alors, donnez-moi un filet de harengs et une demi-Vichy pour commencer.

Adrien, *allant vers la porte de droite.* — Une demi-Vichy au deux, une !

(Levernier entre de droite, pan coupé, suivi d'Henriette. Baluron a tiré un journal de sa poche et le lit.)

SCÈNE II

Les mêmes, Levernier, Henriette

Levernier, *à Adrien, qui s'est approché du couple, obséquieux.* — Dites-moi, garçon?... Est-ce qu'on peut dîner, ici?

Henriette, *d'un ton irrité, à Levernier.* — Vous voyez bien qu'on peut dîner, puisqu'il y a quelqu'un.

Adrien, *à mi-voix, tandis que Levernier jette un regard méfiant du côté de Baluron.* — Ce Monsieur est un habitué qui vient régulièrement.

Levernier. — Comme tous les habitués... Donnez-nous cette table-là. (*Il désigne la table de droite.*) Et grouillez-vous !
(*Adrien les aide à retirer leurs vêtements, qu'il accroche au porte-manteau.*)

Henriette. — Pourquoi qu'il se grouillerait, ce garçon? Nous ne sommes pas si pressés ! (*A Adrien.*) Ne vous grouillez pas, garçon, nous avons tout le temps.
(*Elle s'asseoit face à gauche, à la table de droite.*)

Adrien. — Je sers mon client et je reviens. (*A part.*) On dirait que le torchon brûle !...
(*Il sort à droite.*)

Levernier, *en s'asseyant devant Henriette.* — Nous serons très bien ici, vous allez voir !

Henriette. — Si vous saviez ce que je m'en fiche !... •

Levernier, *avec reproche, mais sans aigreur.* — Criquette !

Henriette, *pointue.* — D'abord, je vous ai déjà prié de ne pas m'appeler Criquette... Je m'appelle Henriette... Hen-ri-yette !

Levernier. — Henriette Fouchard, je le sais... Mais mon ami Gaston vous appelait Criquette...

Henriette. — Je vous ai prié aussi de ne jamais me parler de votre ami Gaston, qui s'est conduit avec moi comme le dernier des mufles !

Levernier. — Vous l'aimiez bien, cependant !

Henriette. — Lui aussi prétendait m'adorer, pendant les huit mois qu'on est resté ensemble !... Ce qu'il m'en a fait des déclarations d'amour !... A toutes les heures et dans toutes les positions !... Ça ne l'a tout de même pas empêché de me plaquer dans les vingt-quatre heures pour tâter du conjungo, comme un simple chameau qu'il est !

Levernier. — Ce n'est pas lui qui s'est marié...

Henriette. — C'est peut-être le pape ?

Levernier. — Je veux dire que ce sont ses parents qui l'ont, en quelque sorte, forcé...

Henriette. — On n'est jamais forcé de faire une bêtise !... Parce que, pour moi, c'est une bêtise, vous savez !... Je ne connais pas sa pochetée de femme, mais je mettrais ma main au feu...

Levernier, *dépliant sa serviette et voyant reparaître Adrien avec un ravier et une demi-Vichy.* — Le garçon !...

Henriette. — Je m'en fous, du garçon !...

Adrien. — Monsieur et Madame ont choisi quelque chose ?...

Henriette, *dépliant sa serviette.* — On n'est pas pressé, qu'on vous dit !

Baluron, *à Adrien qui le sert.* — Vous me donnerez deux rognons vert-pré, avec beaucoup de cresson.

Adrien, *familier.* — C'est la santé du corps, mais on prétend qu'il ne faut pas en abuser.

Baluron. — Abusez-en pour moi, je vous le permets.

Adrien, *commandant.* — Deux rognons abusés... (*Se reprenant.*) Deux rognons vert-pré au deux !
(*Il disparaît à droite.*)

Henriette, *à Levernier.* — Je mettrais ma main au feu qu'elle lui en fera voir de toutes les couleurs, sa femme, à Gaston !... Vous verrez si je me trompe !

Levernier, *conciliant.* — Il ne serait pas le premier à qui le mariage ne réussisse pas.

Henriette. — Ni le dernier, heureusement !... C'est ce qui nous console, nous autres qu'on prend et qu'on quitte comme un autobus !

Levernier. — Je comprends très bien que le départ de Gaston vous ait fait de la peine... Par bonheur, il ne vous abandonnait pas complètement.

Henriette. — Non, mais qu'est-ce qu'il vous faut ?... Il va habiter Carpentras !

Levernier. — Je veux dire par là qu'il laissait, dans vos relations, quelqu'un qui, sans vous l'avoir jamais dit, éprouvait pour vous des sentiments... quelqu'un à qui vous plaisiez beaucoup !

Henriette. — Qui ça ?

Levernier. — Moi, Criquette... (*Se reprenant.*) moi, Henriette.

Henriette, *stupéfaite.* — Ah !

Levernier. — Je dois reconnaître que vous n'avez jamais eu l'air de vous en apercevoir...

Henriette. — Ni l'air, ni la chanson, j'en conviens.

Levernier. — Parce que vous n'aviez d'yeux que pour Gaston, ce que je trouvais, d'ailleurs, tout naturel... Mais, maintenant qu'il vous a plaquée... (*Davignac entre du pan coupé droite.*) Quelqu'un !...

SCÈNE III

Baluron, Davignac, Levernier, Henriette, puis Adrien

(*Davignac, qui fumait une cigarette, la jette à la vue d'Henriette, puis va s'installer à la table du fond, face au public.*)

Henriette, *après un petit silence.* — Vous disiez : « Maintenant qu'il m'a plaquée »?...

Levernier. — Maintenant qu'il vous a plaquée, je peux bien vous avouer... (*Adrien paraît, tenant à la main un plat qui contient les rognons et la crème de Baluron.*) Le garçon !

Henriette. — Ce que vous êtes barbe, avec le garçon !

Adrien. — Monsieur et Madame ont choisi leur potage?

Levernier. — Tout à l'heure.

Davignac. — Garçon !

Adrien. — Tout de suite, monsieur.
(*Il va servir Baluron.*)

Henriette, *à Levernier.* — Vous ne voulez pas me dire ce que vous pouvez bien m'avouer?

Levernier. — Vous ne vous en doutez pas un peu?

Henriette. — Si je m'en doutais, je ne vous le demanderais pas.

Adrien, *à Davignac.* — Purée croûton, et sole meunière ensuite; c'est compris. (*Gagnant la droite en commandant.*) Une purée croûton à l'as, une !...
(*Il disparaît.*)

Levernier. — Sachez d'abord que je ne cessais de faire votre éloge à Gaston, en lui disant que je vous trouvais jolie, gaie, amusante.... Et si bonne fille, avec ça !

Henriette. — Je suis bonne fille, c'est vrai... Mais, tout de même, pas avec n'importe qui !... (*Mouvement de dénégation de Levernier.*) Parce qu'on pourrait supposer, à vous entendre, que... comme ça... allez donc !... avec le premier venu.

Levernier. — C'est tout le contraire, au contraire ! Si je laisais votre éloge à mon ami, c'est que j'éprouvais pour vous un sentiment que je ne pouvais pas vous dévoiler tant que vous étiez avec lui...

(Adrien revient avec le potage de Davignac, à qui il le donne.)

Henriette. — Nous avons faim, vous savez, garçon !... *(A Levernier.)* Ils sont épatants, dans ce restaurant-là !

Adrien, *s'approchant de la table de droite.* — J'attendais que madame se *décidasse.*

Levernier, *sec.* — Faites-nous grâce de vos subjonctifs, n'est-ce pas !... *(Consultant la carte.)* Donnez deux veloutés Mazarin.

Henriette. — Faudrait d'abord savoir si j'aime ça.

Adrien. — C'est un potage maigre.

Henriette. — J' n'aime que le gras, justement !

Levernier. — Alors, deux consommés aux œufs, et une bouteille de Chablis.

Henriette, *à Levernier.* — C'est du Bordeaux, le Chablis ?

Adrien. — C'est du Bourgogne.

Henriette, *agacée.* — Je ne vous demande rien, je parle à monsieur !

Adrien, *hausse les épaules et commande.* — Deux consommés aux œufs au trois, et une Chablis, une !

(Adrien disparaît, pendant que Davignac mange lentement son potage sans quitter Henriette des yeux. Il la trouve amusante et très à son goût.)

Levernier, *à Henriette.* — Je m'étais toujours promis que le jour où Gaston vous quitterait...

Henriette, *nerveuse.* — Alors, il vous avait prévenu ?... Il avait prévenu tout le monde, excepté moi !

Levernier. — Je savais que ses parents cherchaient à le marier, et qu'il craignait leurs objurgations...

Henriette. — Ah ! je vous en prie, faites-moi grâce de vos *subjonctifs* !... Si vous croyez m'épater avec vos grands mots : « Z'objurgations » !...

Levernier. — Leurs reproches, si vous aimez mieux... Je me disais qu'un jour viendrait sûrement où je pourrais vous inviter à dîner, comme ce soir, et vous dire que j'étais décidé à prendre la main.

Henriette, *avec candeur.* — Vous voulez m'épouser ?

Levernier. — C'est-à-dire que je veux succéder à mon ami Gaston.

Henriette. — Ah, bon !... C'est un héritage ?

Levernier. — Si vous voulez, Criquette... (*Se reprenant.*) Henriette... Et quelque chose me dit que vous apporterez dans ma vie...

Adrien, *qui vient d'entrer avec une petite soupière.* — Deux consommés aux œufs !

Davignac. — Garçon !

Adrien. — Je suis à vous...
(*Il sert Levernier, puis va à Davignac.*)

Levernier, *à Henriette, en lui servant son potage.* — Voilà ce que je voudrais que vous me disiez, tenez...

Henriette, *étonnée.* — « Deux consommés aux œufs ». ?

Levernier. — Non : « Je suis à vous ! »

Henriette, *éludant.* — Il a oublié le Chablis... (*Étourdiment.*) Gaston, j'ai soif !

Levernier, *vexé et sec.* — Mangez d'abord votre potage... on boira après.

Henriette. — Que vous dites !... Mais si je voulais boire avant ?

Levernier, *appelant, grincheux.* — Garçon !... Le Chablis.

Adrien. — Deux minutes...

Davignac, *remettant à Adrien une carte de visite sur laquelle il vient d'écrire au crayon quelques mots à l'adresse d'Henriette, qu'il n'a cessé de regarder.* — Tenez ! (*Il lui glisse une pièce de monnaie.*) Habilement, n'est-ce pas ?

Adrien. — Comptez sur moi !

Baluron. — Adrien !... Ecoutez un peu.. (*Adrien s'avance.*)

Levernier, *s'énervant et se retournant vers Baluron, à Adrien.* — « Ecoutez un peu ! » (*Adrien ne répond pas.*) Pas moyen de se faire servir, ici ; c'est insupportable !

Henriette, *mangeant.* — Epatant, le consommé !

Levernier. — Il m'a vu, ce restaurant-là !

Henriette, *mangeant.* — Je le trouve très bien, moi...

Levernier, *idem.* — Vous ne vouliez pas y entrer tout à l'heure.

Henriette. — J'avais tort, je le reconnais. (*Elle mange.*)
(*Davignac fait signe au garçon, occupé avec Baluron, de ne pas oublier la carte.*)

Adrien, *à Davignac.* — Ne craignez rien, monsieur, j'y pense.

Levernier, *n'y tenant plus, en se retournant du côté de Baluron, qui parle avec Adrien.* — Enfin, voyons, garçon ! Est-ce pour aujourd'hui ou pour demain ?

Adrien, *un peu narquois.* — C'est pour aujourd'hui, monsieur. (*Il s'approche de la table de Levernier.*)

Henriette, *en prenant son potage.* — Donnez-moi... (*Elle jette un regard sur la carte qu'Adrien tient encore à la main.*) — une escalope de veau financière... avec beaucoup de « financière ».

Adrien. — Et pour Monsieur ?

Levernier. — Vous me laisserez bien le temps de manger mon potage, je suppose ?

Adrien. — Tout le temps que Monsieur voudra : nous ne fermons qu'à dix heures. (*Il pose délicatement la carte de Davignac à la droite d'Henriette, sans être vu de Levernier, puis il sort à droite en criant :*) Une escalope de veau financière ! Une ! (*A Davignac, avant de sortir.*) Ça y est ! (*Il disparaît.*)

Levernier, *très nerveux, à Henriette.* — Enfin ! consentez-vous à devenir pour moi ce que vous étiez pour mon ami Gaston ?

Henriette. — Vous y tenez beaucoup ?

Levernier. — Si je n'y tenais pas, je ne vous aurais pas invitée à dîner.

Henriette, *en riant.* — Au moins, vous êtes franc !

Levernier. — C'est une de mes qualités.

Henriette. — Et ce serait pour quand, cette affaire-là ?

Levernier. — Eh bien, mais... pour ce soir !

Henriette. — Ah bon !... Ça ne traîne pas, avec vous !

Levernier. — C'est encore une de mes qualités... Je vous reconduirai chez vous... ou vous me reconduirez chez moi... à votre choix.

Henriette. — Il n'y a que le choix du successeur que vous ne me laissez pas !... Car, enfin, si ça ne me plaisait pas, à moi ?...

Levernier. — Quelque chose me dit que ça vous plaira !... Je le lis dans vos yeux !...

Henriette. — Ça prouve que vous ne savez pas lire, mon p'tit Levernier !... (*Lui tapotant les joues.*) Faudra retourner à l'école ! (*Trouvant à sa droite la carte de Davignac.*) Tiens !... Une carte !... (*Elle la prend et lit.*) « Lâchez votre type et venez me retrouver à l'hôtel à côté ».

Levernier, *s'emparant vivement de la carte.* — Qu'est-ce que c'est que ça ?

Henriette. — Vous le voyez bien !... C'est un petit bout de carton, avec quelque chose d'écrit dessus.

(*Davignac, qui a suivi le jeu de scène, mange, le nez dans son assiette.*)

Levernier. — Je devine, parbleu !... (*Se retournant et s'adressant à Baluron, qui mange tranquillement.*) C'est au moins vous, n'est-ce pas, le gros ?...

Baluron, *surpris et crachant le contenu du verre qu'il-était en train de boire.* — Vous me faites l'honneur de me parler, monsieur ?

Levernier, *se levant.* — Je vous demande si c'est vous qui vous êtes permis d'adresser cette carte à madame ?

Baluron. — Quelle carte ?

Levernier. — Celle-ci !... (*Lui présentant la carte sous le nez.*) « Lâchez votre type et venez me retrouver à l'hôtel à côté ».

Baluron, *regardant, effaré, le bout de carton.* — Moi ?

Levernier. — Vous, parfaitement !... Je m'explique maintenant votre « Garçon, écoutez un peu » de tout à l'heure ! C'était pour lui glisser votre poulet.

Baluron, *avec tranquillité.* — Vous saurez, monsieur, que par principe, je ne prends jamais de poulet : je ne puis pas le souffrir !...

Levernier, *ricanant.* — Vous en faites seulement porter aux clientes de la maison !

Baluron. — Je vous ferai remarquer que madame n'est pas une cliente... Je viens ici tous les jours, et...

Henriette. — Je ne connais pas monsieur, je ne l'ai jamais vu.

Baluron. — Moi non plus, madame, je ne vous connais pas... (*Aimable.*) et je le regrette...

Levernier. — C'est sans doute pour faire connaissance que vous vouliez l'emmener à l'hôtel à côté. (*Lui mettant la carte sous le nez.*) C'est écrit en toutes lettres !

Henriette, *à Levernier.* — Laissez-le donc tranquille, ce brave homme !... Il ne vous a rien fait !

Levernier, *crâneur.* — Il vous a insultée !... Jamais je ne permettrai qu'on insulte une femme que j'ai invitée à dîner.

Davignac, *se soulevant sur sa chaise et intervenant.* — Pardon, monsieur... Pourrais-je placer un mot ?

— 13 —

Levernier, *cassant, à Davignac qui se rassied.* — Je ne vous parle pas, monsieur !... C'est à ce monsieur qui vient de se conduire comme un goujat !

Baluron, *avec bonhomie, et se levant.* — Le plus goujat des deux, en ce moment, cher monsieur...

Levernier, *agressif.* — Vous dites ?...

Baluron. — Je dis que le plus goujat des deux, en ce moment... (*La phrase est coupée par une violente paire de gifles, qui arrache un cri à Baluron.*) Oh !...

Levernier. — Vous les avez senties, n'est-ce pas ? (*Il regagne sa place.*)

Baluron, *qui est retombé sur sa chaise, à Davignac, en se tenant la joue.* — Je vous prends à témoin que Monsieur vient de me donner deux gifles, sans aucune provocation de ma part.

Henriette, *à Davignac, tout en achevant son potage.* — Vous constaterez aussi que je n'y suis pour rien !

Davignac, *se levant, puis se rasseyant.* — Pour rien, madame... C'est assurément très fâcheux.

Levernier, *toujours agressif.* — Ce qui est fâcheux, c'est de rencontrer des voyous pareils dans un restaurant ! (*Il désigne Baluron à Davignac.*)

Davignac, *calme.* — Il n'y a pas de voyous ici, monsieur !

Levernier. — Encore une fois, monsieur, je ne vous parle pas ! J'ai souffleté monsieur parce qu'il avait proposé à madame de coucher avec elle. (*Il lance des regards foudroyants à Baluron.*)

Davignac, *très calme.* — Non, monsieur.

Levernier. — Je le sais mieux que vous, peut-être ? J'ai lu sa carte..

Davignac, *simplement.* — Ce n'est pas sa carte, c'est la mienne.

Henriette, *s'esclaffant.* — Ça, c'est rigolo !...

Adrien, *reparaissant de droite, avec un plat et la bouteille de Chablis.* — Escalope de veau financière !...

Henriette. — Donnez vite : j'ai la crève !... (*Adrien la sert; elle mange avec appétit.*)

Levernier, *à Adrien.* — Garçon, lequel de ces deux messieurs vous a remis cette carte ?

Adrien, *à part.* — Hum !... (*Digne.*) Je ne sais pas, monsieur... Le secret professionnel. (*Il débouche le Chablis.*)

Baluron, *de sa place, à Adrien.* — Dites au moins que ce n'est pas moi, que vous voyez ici tous les jours, et qui n'ai jamais songé une seule fois...

Adrien. — Ce n'est pas monsieur Baluron.
(*Il pose la bouteille sur la table d'Henriette.*)

Levernier. — Alors, c'est Monsieur ?

Adrien. — Je ne dis pas ça !... (*Bas à Davignac, s'approchant de lui.*) J'ai été maladroit... je vais vous rendre vos vingt sous !

Davignac. — Gardez !... Et faites-moi servir un café-crème dans la salle de billard, où j'ai laissé deux amis.

Adrien, *commandant.* — Un café-crème, un !...(*A part, en désignant Henriette.*) Pas maligne, la poule du trois !...
(*Il sort à droite, pan coupé.*)

SCÈNE IV

Les mêmes, *moins* Adrien

Davignac, *à Levernier.* — Vous savez maintenant, monsieur, pourquoi je désirais placer un mot.

Levernier, *à Baluron.* — Vous pouvez finir de dîner, c'est un malentendu ! (*Il se rassied à sa table.*)

Baluron, *hochant la tête.* — Malentendu ! Malentendu ! Je n'en ai pas moins reçu deux gifles.

Davignac, *simplement.* — Non, monsieur, vous n'avez pas reçu de gifles.

Baluron, *effaré.* — Comment ! J'en ai encore les joues toutes chaudes !

Davignac. — Vous avez les joues chaudes, c'est possible, mais c'est moi qui ai été giflé !
(*Il se lève et descend entre les deux tables du premier plan.*)

Levernier, *se tournant vers Baluron et lui désignant Davignac.* — Monsieur a raison ; les deux gifles s'adressaient indubitablement au rédacteur de la carte de visite.

Davignac. — Et le rédacteur, c'est moi.

Levernier. — C'est donc Monsieur (*désignant Davignac*) qui a été giflé.

Henriette, *à part.* — Ah ! c' que c'est marrant !

Levernier, *à Baluron.* — Pour ma part, je m'excuse de cette erreur d'adresse.

Davignac, *idem.* — Et pour la mienne, en attendant les suites que comportera cet événement, je m'excuse que vous ayez reçu à ma place...

Baluron. — Mille fois merci, messieurs; mais n'empêche, je vous le répète, que c'est moi qui ai encaissé.

Davignac. — Voulez-vous me permettre?... Il y a un excellent moyen de tout remettre en place.

Baluron. — Ah !

Davignac. — Vous allez tout simplement rendre ces gifles à Monsieur (*désignant Levernier*), et, de cette façon, il sera quitte envers vous.

Baluron. — C'est que...

Davignac. — Quoi?

Baluron. — Je déteste les histoires !... J'ai horreur de tout ce qui peut compliquer ma vie.

Davignac. — Cela ne complique rien; cela arrange tout, au contraire. Une fois que Monsieur (*désignant Levernier*) sera rentré en possession de ses gifles, il en aura la libre disposition et il pourra me les repasser, s'il l'ose. (*A Levernier.*) Comprenez-vous?

Levernier. — Je comprends très bien; mais pourquoi tant de détours? Il y a un moyen encore bien plus simple.

Davignac. — Lequel?

Baluron. — Oui, lequel?

Levernier. — Puisque Monsieur (*se levant et désignant Baluron*) est le détenteur actuel des gifles, qu'il les restitue directement à Monsieur...

Henriette. — Je me tirebouchonne !...

Levernier, *désignant Davignac.* — ...auquel elles étaient destinées... Je lui donne ma procuration.

Baluron. — Encore ! Alors, vous tenez absolument à ce que je gifle quelqu'un? Je m'y refuse ! D'autant plus que je n'ai rien à rendre puisqu'il a été reconnu tout à l'heure que je n'ai rien reçu !

(*Violente et inintelligible discussion entre les trois hommes; Levernier et Davignac sont debout devant la table de Baluron, qui est toujours assis.*) (1)

Henriette, *tout en mangeant.* — Non, mais vous n'avez pas bientôt fini, tous les trois?... J' m'entends pas boulotter !

Levernier. — Henriette a raison !...

Davignac, *souriant, à Henriette.* — Joli nom, Henriette !

Levernier, *agressif.* — Et vous, monsieur?... Comment vous appelez-vous?

Baluron. — Vous avez sa carte entre les mains !

Levernier. — Celle qu'il a eu le culot de faire passer par le garçon !

Davignac, *souriant.* — C'est un moyen qui m'a réussi souvent !

Levernier. — Il a raté, ce soir (*à Henriette*), parce que j'avais l'œil !

Henriette. — Comme c'est malin : je l'ai lue tout haut !
(*Elle se verse un plein verre de Chablis et le boit d'un trait.*)

Davignac, *à Levernier.* — Enfin, monsieur, et pour couper court à tout cela, je suis à votre disposition, si vous n'avez pas froid aux yeux !

Levernier. — Je n'ai froid nulle part, monsieur !

Henriette. — C'est pas comme moi !... J'ai les pieds gelés !
(*Elle se verse un second verre de Chablis et le vide encore d'un trait.*)

Davignac. — Nous nous battrons à l'épée !

Levernier. — Je choisis le pistolet : je suis l'offensé.

Baluron, *se levant.* — Messieurs, je vous en prie !... (*Il passe 3 et s'approche d'Henriette.*) Ils veulent se battre en duel !...

Henriette, *mangeant toujours.* — Laissez-les donc, si ça les amuse !

Baluron. — Ils ne vont tout de même pas s'entre-tuer pour une malheureuse paire de gifles, que je suis seul à avoir reçues !...

Levernier, *qui a entendu.* — Vous tenez absolument à ce qu'on vous ait souffleté ?

Baluron. — J'aurais préféré un verre de chartreuse... mais je déplore, avec ma nature calme et paisible, que deux hommes intelligents... (*Il se place entre eux deux.*) car je veux croire que vous êtes deux hommes intelligents...

Davignac. — Très intelligents !

Levernier. — Monsieur a raison.

Davignac. — Je parle pour moi.

Levernier. — Moi aussi, monsieur, je parle pour moi... Et je maintiens ma qualité d'offensé ; mes témoins en discuteront demain matin !

Davignac. — Les miens peuvent en discuter tout de suite ; ils sont en train de jouer au billard, par là !

Levernier. — Vous sortez avec vos témoins ?

Davignac. — Je sors avec qui me plaît, monsieur !... Ce sont deux amis, très calés en matière de duel.

(Le ton des deux adversaires a monté progressivement et, dans le jeu de leur dispute, ils bousculent Baluron, qui essaie avec bonhomie de s'interposer.)

Levernier. — Allons les consulter ! (*A Henriette.*) Commandez la suite ; je n'en ai pas pour longtemps.

Henriette, *la bouche pleine.* — Vous me retrouverez ici.

Davignac, *à Baluron.* — Finissez de dîner, monsieur ! nous n'avons plus besoin de vous.

Baluron. — Vous êtes bien aimable, monsieur, je vous remercie.

(Il va se rasseoir à sa table, poussé par Levernier et Davignac plutôt que de son plein gré.)

Davignac, *à la porte de droite, pan coupé, s'effaçant pour laisser passer Levernier.* — Après vous, monsieur !

Levernier. — Je n'en ferai rien, monsieur !

(Et il passe carrément devant Davignac, pendant que Baluron les regarde sortir avec un haussement d'épaules, et remet sa serviette dans son faux-col.)

SCÈNE V

Baluron, Henriette, puis Adrien

Baluron, *sans s'occuper d'Henriette.* — Eh bien, en voilà une aventure !... Moi qui n'aime pas les histoires, et qui ne parle jamais à personne dans les restaurants !...

Henriette, *qui vient de vider un troisième verre de Chablis.* — Dites, m'sieu !... Croyez-vous qu'ils sont bêtes, tous les deux !

Baluron. — Je n'aurais pas osé le dire, par politesse... à cause de celui qui était avec vous...

Henriette, *légèrement éméchée.* — Vous gênez donc pas ! Il est encore plus gourde que l'autre !...

Baluron, *naïvement.* — C'est votre mari ?

Henriette. — Non, mais qu'est-ce que je vous ai fait ?... C'est même pas mon amant !... Il m'avait invitée à dîner pour tâcher que ça réussisse... mais c'est la ceinture, vous savez !... Je les ai en celluloïd !...

Baluron, *qui s'est remis à manger.* — Je m'en doutais, parbleu !...

Henriette. — Quoi donc ?

Baluron. — Mes rognons sont froids !

Henriette, *avec sollicitude.* — Pauv' monsieur !... Si je pouvais vous les réchauffer !

Baluron. — C'est trop de bonté, mademoiselle... Le garçon les fera remettre au feu quand il viendra.

Henriette. — Seulement, il ne vient pas tous les jours !... A votre place, je le sonnerais.

Baluron. — Je ne demanderais pas mieux, mais il n'y a pas de sonnette dans cette salle.

Henriette, *s'esclaffant.* — Mince de restaurant !... Et vous venez bouffer ici tous les soirs ?

Baluron. — L'habitude...

Henriette. — Elle est plutôt moche, votre habitude ! (*Elle se lève et, prenant son assiette, son couvert et la chaise de Levernier, va s'asseoir, face au public, à la table de Baluron.*) Voulez-vous que je vous en indique un bon, moi, de restaurant... avec des sonnettes dans tous les coins ?... C'est celui qu'on allait nous deux Gaston, avant son mariage !... Gaston, c'est mon ancien amant, que l'autre voudrait remplacer.

Baluron, *un peu ahuri par cette visite.* — Voyez-vous ça !

Henriette. — « Je prends la main », qu'il me disait tout à l'heure, pendant qu'on attendait le garçon... Seulement, j'ai rien voulu savoir, parce que j'aime pas les hommes qui cherchent à s'imposer aux femmes avec des chichis et des bobards !...

Baluron, *qui ne comprend pas ce langage argotique.* — Des « bobards » ?...

Henriette. — Des boniments à la noix, quoi !... Ainsi, vous, par exemple... eh bien, je sens que vous ne cherchez pas à vous imposer à moi.

Baluron. — Pas plus à vous qu'à une autre... Je ne m'impose à personne.

Henriette, *avec une sympathie croissante.* — C'est justement ce qui me plaît chez vous !... Et puis, vous avez une bonne tête ! Vous ne devez pas vous en faire !...

Baluron. — M'en faire ?

Henriette. — De la bile !... Vous ne devez pas vous biler !

Baluron. — Ah ! pour ça, non ! J'ai même une devise : Pas d'histoires !

Henriette. — C' qu'on s'entendrait bien, nous deux !... Moi non plus, j' les aime pas, les histoires ! j'en ai jamais. Quand je dis : jamais... c'est-à-dire que je suis comme toutes les femmes, n'est-ce pas ?... Je les ai de temps en temps ! (*Sautant brusque-*

ment au cou de Baluron, inquiet et effaré. — Ah! mon p'tit père,
va, j' te gobe!... Tu ne veux pas goûter un peu de mon Chablis,
il est épatant! (Elle veut se lever pour chercher sa bouteille.)

Baluron, la retenant par la main. — Merci!... Je ne bois que
de l'eau de Vichy.

Henriette. — Sais-tu ce qui serait encore plus épatant que
mon Chablis?... C'est si qu'on se ferait la paire, tous les deux...

Baluron, ne comprenant pas. — La paire?
(Il garde un peu inconsciemment, mais avec une satisfaction
très apparente, la main d'Henriette dans la sienne.)

Henriette. — Si qu'on calterait, quoi?...

Baluron. — Et l'ami de Gaston?

Henriette. — Je m'en fous, de l'ami de Gaston!... (Se levant.)
On finira de dîner à l'autre restaurant.

Baluron, décidément emballé et s'adressant au public. — Pourquoi pas, après tout?... (Il se lève et va vivement chercher son pardessus, qu'il enfile tout de travers.) C'est une excellente idée!

Henriette, remettant sa voilette. — On boulotte et on se pa-
gnotte!

Baluron, décidément et définitivement excité, au point de perdre
toute retenue. — On pourrait se pagnoter avant!

Henriette. — Si tu veux, mon gros : j'ai plus faim!

Baluron. — Moi non plus! Filons!

Adrien, paraissant de droite, premier plan, stupéfait, mais pra-
tique. — Ah!... Et mes dîners?

Baluron, lui donnant vingt francs. — Tenez, Adrien!... Gardez
tout!...

Adrien, joyeux. — Merci, Monsieur Baluron!... On vous re-
verra demain?

Baluron. — Je ne sais pas!... (A Henriette.) Dépêchons-nous!...
(Henriette et Baluron sortent précipitamment par le fond.)

SCÈNE VI

Adrien, puis **Levernier,** puis **Davignac**

Adrien, seul, s'esclaffant. — « Caille sur canapé!... » Je vois
d'ici la gueule de l'autre quand il va revenir!

Levernier, reparaissant de droite, pan coupé. — Henriette!...
(Surpris de ne plus la voir à sa place.) Où est-elle passée?

Adrien, *qui feint l'étonnement.* — Monsieur cherche quelqu'un?

Levernier, *l'imitant.* — « Monsieur cherche quelqu'un?... » (*Très nerveux.*) Je cherche la personne qui dînait tout à l'heure avec moi... Vous ne l'avez pas vue?

Adrien. — Si, monsieur, je l'ai vue... (*Souriant avec ironie.*) Je l'ai vue partir avec l'habitué.

Levernier, *sursautant, furieux.* — Avec le gros?... Son nom, à ce cochon-là? (*Menaçant.*) Vous allez me dire son nom?

Adrien. — Il s'appelle Baluroh.

Levernier. — Ça ne m'étonne pas !... (*Saisissant Adrien par le revers de sa veste et le secouant fortement.*) Son adresse !... Vous allez me donner son adresse?

Adrien. — Je ne la connais pas !... (*Cherchant à se dégager.*) Vous m'étranglez !...

Davignac, *reparaissant.* — Vous étranglez le garçon?

Levernier, *lâchant le garçon pour aller pleurer dans le gilet de Davignac.* — Il a laissé partir Criquette avec l'habitué !...

Davignac, *abruti de surprise.* — Non?... (*Un rire homérique le secoue brusquement et presque malgré lui.*) Crevant !...

Levernier. — Voilà qui mériterait une bonne paire de gifles ! (*La main droite, levée, menace à la fois Adrien et Davignac.*)

Davignac, *gaiement, lui prenant la main.* — Encore !... Je vous ferai remarquer qu'il les a déjà reçues.

Levernier, *subitement calmé.* — C'est vrai, au fait !... (*Au public.*) Preuve que le premier mouvement est toujours le bon ! (*Haut, à Davignac.*) Vous me tenez compagnie, puisqu'on ne se bat plus?

Davignac. — J'allais vous le proposer !... On fera la fête après. (*Il va à la table de gauche et la pousse vers le milieu de la scène.*)

Levernier, *même jeu avec la table de droite.* — Garçon, avez-vous des cailles sur canapé?

Adrien, *goguenard.* — Il n'en restait qu'une, monsieur... Elle vient de partir !...

RIDEAU